늑대가 여우에게 꼬리를 내리다

늑대가 여우에게 꼬리를 내리다

초판 1쇄 인쇄_ 2024년 12월 02일
초판 1쇄 발행_ 2024년 12월 20일

신고번호 제313-2010-376호
등록번호 105-91-58839

발행처   보민출판사
발행인   김국환
편집   정은희
지은이   이희경
디자인   김민정

주소   경기도 파주시 해올로 11, 우미린더퍼스트@ 상가 2동 109호
전화   070-8615-7449
사이트   www.bominbook.com

ISBN 978-89-97159-88-8   03800
CIP 2019013835

* 파본은 구입하신 서점에서 교환해드립니다.

늑대가 여우에게
꼬리를 내리다

이희경 시집

지금 나에게는 소리 없이 흔들리는
나의 마음을 지켜보는 수밖에 없다

| 서문 |

 어느 새부터인가 우리는 시(詩)로부터 멀어지고 있다. 시(詩)란 인간의 생각과 감정의 표현을 함축하여 나열한다. 현대 시대를 살아가고 있는 지친 우리 자신의 모습은 어쩌면 작은 것 하나까지도 쉽게 지나쳐 버리기가 십상일 것이다. 작가는 순수한 감성으로 이러한 생활의 느낌을 시로 표현하고 있다. 우리는 대화가 필요하다. 아마도 그 또한 시를 통하여 세상과 이야기하고 싶어 하는 것일지도 모른다.

시가 많았으면 좋겠다. 우리들 주변에서 사람들이 더 시와 가까워져 이 시대가 훈훈해지기를 바란다. 그의 첫 작품 「늑대가 여우에게 꼬리는 내리다」는 그래서 우리들에게 말한다. 혼자만 힘든 것도, 혼자만 외로운 것도 아니라고. 그의 시에서는 타인에 대한 배려가 묻어나 있어 읽는 이의 가슴에 위로와 따뜻함을 전달해준다.

| 목차 |

제1부 무엇으로 살까

어두운 시기에 • 10
삶의 창조와 목적 • 11
사랑하라 • 13
난 정말 행복하다 • 14
거절 불안 • 16
함께하고픈 마음 • 17
미혼모 • 18
마음의 고물상 • 19
수험생의 고민 • 20
무엇으로 살까 • 21
알콜회복자 • 22
공동체 퇴소 후의 생활 • 24
치유 • 25

제2부 기차길 사랑

하느님의 사랑 • 28
늑대가 여우에게 꼬리를 내리다 • 30
살고 싶은 갈망의 눈물 • 31
당신을 사랑하는 것은 • 32

아장아장 • 34
살아 숨 쉬는 심장고동 • 35
낙엽 • 36
당신의 존재 • 37
기차길 사랑 • 38
당신을 사랑하게 됨으로써 • 39
안아주세요 • 41
새로운 희망을 찾아서 • 42
개잡부의 하루 • 43

제3부 사랑이 깊어진다는 것은

나이팅게일의 후예들 • 46
놓치기 싫습니다 • 47
사랑이 깊어진다는 것은 • 49
저의 반쪽 • 51
지금 이 순간 행복하기 • 52
당신만을 보고 싶습니다 • 53
그녀 생각에 • 54
굴레 • 56
아직은 모르겠습니다 • 58
고독 • 59

마음의 보물 • 61
대화 • 62
오래 간직하고 싶다 • 63

제4부 어딘지도 모르는 길

절망과 좌절을 넘어 • 66
삶 • 68
누군가 옆에 있다는 것은 • 69
마음으로 울기 • 70
장애 • 71
날개 잃은 중심점 • 73
어딘지도 모르는 길 • 75
이제는 • 76
이별 • 78
돛단배 • 79
유언 • 80
누군가를 사랑한다는 것은 • 81
그리움이여 • 82

제5부 외로운 돛단배

당신 때문에 • 86
밝은 정신으로 산다는 것은 • 88
인생의 돛단배 • 89
하늘이 운다 • 90
사랑과 이슬 먹기 • 91
외로운 돛단배 • 93
지하철 속에 사랑 구걸자 • 94
당신의 영혼 • 96
만나고 헤어짐 • 97
사랑비 • 98
마음의 상처 • 99
눈빛 사랑 • 100
마음의 공유 • 101
들꽃 • 102

모든 사람들은 사랑받고 행복하길 원합니다
그러나 아픔과 슬픔이 있기 마련입니다
그것이 삶의 자체이기 때문입니다

제1부

무엇으로 살까

어두운 시기에

희망은 항상 어려움을
극복해준다고 믿습니다

건강한 마음은
긍정적인 마음에서 생겨지고

건강한 육체는
규칙적인 운동에서 나온다고 하지요
사랑의 힘은 죽음보다 더 강하다고들 합니다

저의 어두운 시기에
비슷한 여행을 하는 분들에게
행복 만땅 내면 가득 사랑 충만하시길 바랍니다

삶의 창조와 목적

당신은 자신을 창조해내고 있습니다
당신은 무엇을 생각하고 있습니까?
그 생각대로 당신은 되어질 것입니다

고통과 슬픔과 미움과 실패를 생각한다면
당신은 그렇게 되어질 것이요,
기쁨과 성공과 희망과 사랑을 생각한다면
당신은 그렇게 되어질 것입니다

어떠한 현실도
당신에게는 장애가 되지 않습니다
당신이 현재 생각하는 대로
의식하는 대로 현실은 이루어질 뿐입니다

당신이 원하는 현실을 창조해내십시오
당신이 원하는 것들을 생각하고 상상하고
그것이 그대로 현실에 드러나는 것을 경험하십시오

당신 삶의 주인공은 바로 당신이지
다른 어느 누구도 아니며
당신 삶을 원하는 대로 창조해낼 수 있는
힘을 당신은 지니고 있습니다

자신의 내면으로 들어간다면
무한한 우주의 창조력을 느낄 수 있습니다
무엇이든지 당신이 원하는 것이라면 이루어낼 것입니다
그것이 바로 당신 존재의 목적 그 자체이니까요

사랑하라

오직 이 세상에 그대만이
존재하는 것처럼
사랑하라

나는 그대의 전부이고
그대는 나의 모든 것이라는 일체를 보이도록
사랑하라

힘듦을 절반으로
기쁨을 두 배로 나눌 수 있도록
사랑하라

혼자라는 생각이 떠오르면
그대와 나눈 행복한 마음에 함께함을
사랑하라

사랑하라! 사랑하라!
이 한세상 끝나는 그날까지
사랑하라

난 정말 행복하다

행복하지 않아 행복이 오길 기다림에
난 정말 행복하다

알콜중독자라서 이슬 몇 병에
마음도 몸도 취함에
난 정말 행복하다

가진 것이 없어
아무런 집착이 없음에
난 정말 행복하다

건강하지 않아
건강을 회복하려는 간절함이 있어
난 정말 행복하다

비가 오면 어젠가
밝은 태양을 볼 수 있음에
난 정말 행복하다

난 그런 거짓말쟁이라서
난 정말 행복하다

거절 불안

우리는 준비되어 있지 않은 사람에게
무엇을 해주곤 합니다
그 사람은 그것을 거절합니다

그래서 거절 불안을 느낀 사람은
그 무엇을 바라는 그 누군가에게
아무것도 해줄 수 없습니다

아직도 베푸는 것과
받아들이는 방법에 미숙합니다
그 슬픈 거절 불안 때문에

함께하고픈 마음

님은 요즘 어떻게 지내세요?
혹시 마음 어딘가가 그늘져 보이는 님
천사에게 마음을 열어보세요
님의 어두운 마음 한 줄기 빛으로
인도해드리겠습니다

근심 걱정이 있으신가요?
천사에게 다 털어놓으세요
서로의 마음을 위로하면서
진정한 사랑을 나누고 싶습니다

어딘가 아프신가요?
육체적이든, 정신적이든, 마음적이든
아프신 것을 모두 버리세요
님이 아프신 곳을 사랑으로
치료해드리겠습니다

미혼모

사랑을 받아야 할 내 아이
내 뱃속에서 커가는 아이
초음파 사진으로 아이는 볼 수 있지만
태어나면 한 번도 안아줄 수 없습니다

그런데 장애아로 태어난 사실을
나중에 알 수 있었습니다
장애아로 태어난 아이를 입양해준
부모님들에게 감사의 눈물을 흘립니다

그것이 나의 업보라면
너무 견디기 힘든 일입니다
내 아이가 잘 커가길
내세에는 정말 사랑 많이 주고
행복한 아이를 낳고 싶습니다

마음의 고물상

돈이 들어가는 것은 파세요
자꾸만 그 역할도 못하는 것은 파세요
당신의 돈을 아껴주는 고물상입니다

당신의 고통, 슬픔, 괴로움을 사는
마음의 고물상입니다
당신의 힘든 것을
줄여드리는 마음의 고물상이죠

당신이 힘들면
항상 마음의 고물상을 찾으세요
님은 그럼 행복과 평온
그리고 안정을 찾습니다

언제나 님의 곁에는
마음의 고물상이 있습니다
님이 힘든 것을 고물상에게 파세요
그리고 님은 평온함을 느끼세요
나는 힘든 마음을 사는 고물상입니다

수험생의 고민

시험 준비를 하지 않고 있으면
해야 한다는 강박과 절실함에 시달린다

준비를 하게 되면 아직도 합격의 길과
모르는 것 때문에 답답함이 밀려온다

어느 때는 휴식과 시험 준비가
떨어져 있어야 하는데
휴식은 더 많은 것을 하기 위한
쉼이 되었어야 하고

수험 준비는 삶의 질을
향상시키기 위한 일인데
그 두 가지의 마음이
수험생의 마음을 더 애타게 한다

오늘은 더 좋은 내일을 위해
아니 목표를 향해 달리고 싶다

무엇으로 살까

모든 사람들은 사랑받고 행복하길 원합니다
그러나 아픔과 슬픔이 있기 마련입니다
그것이 삶의 자체이기 때문입니다

긍정적인 생각은 부정적인 마음에서 나오고
부정적인 생각은 긍정적인 마음에서 나옵니다
우리는 꿈을 먹고 사는 것입니다
실수와 시행착오를 거쳐서
더 많은 인생의 폭을 넓히죠

다시 옳은 길로 향하여 전진합니다
우리는 그때그때마다 최선을 다합니다
그런데 그 최선의 선택이 문제입니다
올해도 더 좋은 내일을 위해서

알콜회복자

저는 알콜중독자라는 것이 싫어졌습니다
술과 싸워서 매번 승리하는 알콜회복자입니다
님들이 얼마 단주를 하지 않았는데
걱정하시는 분도 계실 것입니다
그러나 밑바닥을 헤매이고 술에 패배한
과거를 생각하면서 영원히 단주하겠습니다

밑바닥은 누구나 다르죠
밑바닥에서 바닥이구나 하면서
세월을 보내고 싶지는 않습니다

왜 떨어졌고 그곳에서 어떻게 나갈 것인지
그것을 향하여 매진할 것입니다
AA모임도 다니고 카페에 들어와서
님들과 함께 아파하고
함께 단주하는 길을 모색하고
그 길을 향하여 달려갈 것입니다

나는 술을 끊을 수 없다고 생각하면서 살았죠
그런데 아닙니다
술은 끊을 수 있습니다
저는 술을 끊는다는 확신을 가지고 살 것입니다
오늘도 술을 먹지 않고 밝은 정신으로 살아가는
모든 알콜회복자들을 위해서 기도합니다

공동체 퇴소 후의 생활

저는 이것이 마른 주정인지 몰랐죠
4개월 20일 정도 잘 지내다가
술의 충동이 왔습니다
그래도 술 충동은 아니라 하고 싶었죠
그러나 퇴소한 후 2주간 술을 마셨고
그것이 나의 잘못이라고 생각합니다

술을 먹지 않는 지 이틀째입니다
어제는 공주 AA모임에 참석했습니다
그분들이 힘내라고 하시더군요
그래요, 다시 일어나서 시작하겠습니다

치유

알콜중독자 여러분은 마음의 상처를 가지고 있습니다
유전적으로 알콜중독자가 되거나
혹은 마음의 아픔을 잊기 위해서 중독에 걸렸습니다
이 모든 것은 마음의 상처입니다

저희에게는 언제부터인가 사랑을 잃어버렸습니다
우리는 사랑을 찾아야 치유가 가능합니다
우리는 내면에 숨겨진 엄청난 에너지를 찾아야 합니다
또한 가족들도 힘이 들겠지만
더욱 아픈 사람은 바로 본인입니다
본인을 위해서 자존감을 높이세요
가족과 사회가 우리의 아픔을 이해할 때까지
우리는 단주해야 합니다

평행선을 이루면서
기차길은 있지만
마음은 언제나 함께하고 있습니다

제2부

기차길 사랑

하느님의 사랑

비가 오는 날이면 항상 술을 마셨습니다
그런데 이틀간에 걸쳐서 비가 왔지만
술을 마시지 않습니다

그런 생각이 듭니다
하느님이 너무 슬퍼서
눈물을 흘리고 있다고 생각이 듭니다
하느님이 보잘 것 없는 나를 위해서
슬퍼서 엉엉 우시는 것입니다

내가 어떻게 살아야 할지 미지수이지만
분명한 것은 더 나은 미래를 위해
노력하고 있는 것입니다

알콜센터에 오면서 변해가는 모습이 자랑스럽습니다
누가 하라고 해서가 아니라 내 스스로 시작한 것입니다
기대되고 밝은 미래가 보입니다

조금만 더 차분히, 성실하게, 꾸준히 하면
변화된 모습, 진정한 내 모습을 찾을 수 있습니다
왜 사니 하면 철학적으로 들어가는 것 같습니다
그런데 어떻게 살아야 하는지는
우리에게 맡겨진 과제입니다

우리는 잘 살아야 할 권리가 있습니다
권리를 찾기 위해서 꾸준히 자신에게
주어진 책임을 완수해야 합니다
지금껏 술에 의존해서 살아온 결과가 빈껍데기뿐입니다
보상심리가 생깁니다
내 자신에게 충실히 살다보면 밝은 미래가 보입니다

늑대가 여우에게 꼬리를 내리다

예비 신랑 늑대가
여우의 애교에 꼬리를 내린다
늑대 총각은 자유를 포기하고
여우하고 부부의 인연을 맺기로 했다
늑대는 밤이 오길 기다리고 기다린다

예전 늑대는
외로운 늑대
슬픈 늑대
꼴초 늑대
일만 하는 늑대
길거리를 어슬렁거리던 늑대였다

지금의 늑대는 여우의 눈을 피해
그 모든 것을 해야 한다
특히 예쁜 여우를 곁눈질해도
그날은 거의 초상집 분위기다
다시 외로운 늑대로
돌아가고 싶다

살고 싶은 갈망의 눈물

세상 사람들의 마음속에는
살고 싶은 갈망의 눈물보다
비웃고 돈에 울고 웃는다

진정한 삶을 위한
눈물과 웃음은 사라지고
거짓 삶을 살면서 자신도 모르고 산다

난
매일 살고 싶은
갈망의 눈물을 흘린다

내일은
진정한 행복을 찾기 위해서
오늘은 울지만 내일은 웃는다

미래는
진정한 내 자신을 찾고
평온과 행복으로 가득하겠지

당신을 사랑하는 것은

이 세상에 태어났습니다
너무 춥고 어두웠죠
내가 어디서 왔는지
무엇을 해야 하는지
어디로 가야 하는지
알 수 없었습니다

매일 고민하죠
알 수 없는
이 넓고 두려운 우주를

주위를 둘러보며
나와 같은 존재들을 보며
위안도 해보지만 여전히 두렵습니다

오랜 괴로움과 방황으로 지친 나에게
작은 불꽃이 보였습니다
너무 아름다웠죠

세상에 태어나
처음 보는 불꽃이었으니까요
가까이 가보고 싶었지만
그렇게 하진 못했습니다
사라질까 두려워서였죠

그 불꽃은 지금 나의 마음속에 들어와
사랑이 되었답니다
나의 마음속에는
따뜻한 사랑이 피어나고 있죠

처음으로 느껴본 나의 아름다운 불꽃
두려운 세상은 사랑으로 행복하죠
영원히 꺼지지 않는 사랑의 불꽃으로
아름다운 세상을 살아보고 싶습니다

아장아장

부모의 마음에 자식이
아장아장 걷는 것은
커다란 행복이지요

그러나 자식이 부모님의
병환으로 아장아장
걷는 것은 너무나 아프죠

그것은 언젠간
일어날 수 없는 묘지에
편히 쉬기 때문이죠

살아 숨 쉬는 심장고동

그분은 살아 숨 쉬는 저의 심장고동입니다
만약 엄청나게 크고 먼 우주가 사라져가도
저의 심장고동은 멈추지 않습니다
저의 심장고동 속에 있는 그분은
영원불변이기 때문입니다

만약 저의 심장이 멈추어진다면
지금도 살아있는 그들의 마음속에
항상 자리를 잡고 있습니다
그래서 산 자의 마음속에는 죽어간
그의 마음을 알 수 있습니다
우주가 사라져도 그 마음은 영원불변입니다

낙엽

봄철 새싹이 돋아난 것을 보고
생명의 신비를 느끼면서
새로운 희망을 가지게 만듭니다

여름철 아름다운 신록의 푸르름을 보고
혈기 왕성한 성장을 보면서
햇빛을 막아주는 휴식처를 제공합니다

가을철 낙엽이 하나둘씩
떨어지는 것을 보고
생을 마감하기 전
가장 아름다운 수의를 보면서
마음을 서글프게 만듭니다

겨울철 낙엽은 바람에 휘날림을 보고
이곳저곳으로 떠돌면서
애꿎은 낙엽은
청소부의 손길을 바쁘게 만듭니다

당신의 존재

당신이 용기를 잃었을 때
용기를 불러일으켜 주고 싶습니다

당신이 아파하면
저는 당신의 아픔 때문에
마음이 저려옵니다

당신이 울고 싶을 때
저의 어깨에 기대어 우세요

이제는
서로에게 더 이상의
가슴 아픈 사랑은 없어야 합니다

고독함도 아픔도 함께 동행하는
사람이기 때문입니다

기차길 사랑

당신을 사랑하다 보니
기차길 사랑입니다

당신의 목소리도 모습도
볼 수 없지만
항상 옆에 있어주는 사랑입니다

평행선을 이루면서
기차길은 있지만
마음은 언제나 함께하고 있습니다

기차길 사랑은 외로운 짝사랑보다
더 애타고 그립지만
당신과 나의 사랑이라면
받아들이겠습니다

당신을 사랑하게 됨으로써

당신을 만나기 전에는
세상에 홀로 살아가는 것이
얼마나 외로운지 몰랐습니다

내 자신도 책임질 수 없었던
현실 때문에 방황했죠

당신을 만남으로
세상에 홀로 살아가는 것이
얼마나 고독한지 알게 됐죠

나의 반쪽을 찾아
방황하고 힘든 시절을 보냈죠

당신을 알게 됨으로써
비로소 나의 존재를 알게 됐습니다

당신을 사랑하게 됨으로써

우주 속에 홀로 남아있는 것은 싫습니다

당신과 함께하는 삶을 살고 싶습니다
당신을 마음 깊숙이 원합니다
나의 육체도 마음도 정신도 가져가세요

당신의 생각으로
온통 가득 찬 것이 너무 행복합니다

안아주세요

아무런 조건 없이 안아주세요
저를 버리고 가실망정
지금 이 순간만큼은 안아주세요

떠나시면 아마도 잊혀지겠죠
시간이 흐른 후 사랑했던 마음
당신이 저의 전부였던 것을 깨닫게 되겠죠

만약 당신이 떠나시려면
우리의 아름다운 추억마저도 가져가세요
지금은 사랑하는 마음으로 안아주세요

처음 안아주시었던 마음으로
지금은 사랑하는 마음으로 안아주세요

새로운 희망을 찾아서

나는 산모의 진통을 하고 있습니다
새로운 미래를 위해서
새로운 희망을 찾고 있습니다

새롭게 태어나기 위해서
고통과 고뇌를 이겨내야 합니다

그것은 누가 도와줄 수 있지만
홀로 해야 하는 일입니다

나는 그 일을 게을리하지 않습니다
고통과 고뇌도 아프지만
어느 때는 그 마음을 바라다보고
느끼고 있는 것이 너무 아프죠

실패할 것 같은 두려움도
조금은 있습니다

개잡부의 하루

하루가 열리는 새벽
다른 이와 달리
개잡부는 머리가 무겁다

이제는 눈치 봐야지
어디로 가나
어디로 보내줄까
이 눈치 저 눈치

아
힘드는구나
그렇지만 어찌 하나
끝을 보고 희망을 찾자
내일을 생각하며

사랑하면 아플지라도
나의 반쪽은 아프지 않고
내가 2배로 아파하는 것이다

제3부

사랑이 깊어진다는 것은

나이팅게일의 후예들

아픔과 고통에 시달리는 환자들을
마음속 깊이 동감하면서
최선의 다해 그들의 손과 발이 되는
백의의 천사들이 되었으면 합니다

간호실습을 통해 이론이 아닌 현실 속에서
아픈 사람들, 병든 사람들과의 만남을 통해
더 성숙되고 아름다운 천사로 다시 태어난
간호실습생, 학생, 간호님들에게
고운 행복이 가득하시길
날개 없는 백의의 천사들에게 글 올립니다

놓치기 싫습니다

나는 매일매일 요정이 생각나서
놓치기 싫습니다

나는 매일매일 요정이 보고 싶어서
놓치기 싫습니다

요정이 나보다 다른 사람을 사랑한다면
그래서 나의 마음이 찢어질 듯 아파서
놓치기 싫습니다

바로 이것이 요정의 사랑 표현이기에
놓치기 싫습니다

요정은 나의 반쪽이고
요정의 반쪽은 바로 나이기에
놓치기 싫습니다

만약 요정이 세상에 존재하지 않으면

요정을 지키는 수호천사도
아무런 존재의 가치가 없기에
놓치기 싫습니다

사랑이 깊어진다는 것은

사랑하면 아플지라도
나의 반쪽은 아프지 않고
내가 2배로 아파하는 것이다

뜨거운 사랑보다
조금씩 조금씩 밑바닥에
있는 정을 쌓아가는 것이다

허물이 있을지라도
변함없는 눈빛으로
바라보는 것이다

말하지 않아도
그 뒷모습 속에서
쓸쓸함조차 알 수 있는 것이다

먼저 주고 싶다는
배려의 마음이 샘솟는 것이다

서로에게 좋은 벗이 되어
세상을 아름다운 눈으로
늙어갈 수 있는 것이다

저의 반쪽

저는 불완전한 반쪽이었습니다
반쪽을 만나면서
비로소 완전한 하나가 됐습니다

그녀의 모든 것을 사랑합니다
아파하면 억장이 무너져 내리죠
기뻐하면 한없이 행복해집니다

저의 반쪽을 찾기 위해서
얼마나 많은 방황을 했는지
소리 없이 다가와 저의 전부가 됐죠

나와 그녀는 하나가 되길 바랍니다
사랑이라는 것이
얼마나 저를 행복으로 이끄는지 모릅니다

앞으로는 떨어질 수 없습니다
그녀와 나는 하나이기 때문이죠
그래서 너무 행복합니다

지금 이 순간 행복하기

우리들의 마음은 행복을 찾아다니죠
그런데 늘상 과거에 집착하고 미래에 불안해합니다
그렇기 때문에 현재의 자신을 불행하다고 여기죠

진정한 행복은 지금 이 순간 존재합니다
행복은 미래의 목표가 아닌
현재의 선택이라고 할 수 있습니다

지금 행복하기를 선택했다면
우리들은 얼마든지 행복할 수 있습니다

그런데 안타까운 것은 대부분 사람들은
행복을 목표로 하면서
현재의 행복은 잊고 있다는 것입니다

당신만을 보고 싶습니다

아무것도 할 수 없는 존재를
행복으로 가득 채워준
당신만을 보고 싶습니다

아무런 희망이 없었던 미래를
당신의 만남으로
밝아오는 햇살이 비추고 있습니다

당신만을 보고 싶습니다
얼마나 보고 싶은지
얼마나 사랑하는지
당신만을 보고 싶습니다

당신만을 사랑할 수밖에 없는
인연으로 태어난 것 같습니다
당신만을 보고 싶습니다

그녀 생각에

저는 아무것도 할 수 없습니다
마음을 사로잡은 그녀 생각에
아무런 것도 의미가 없습니다

오로지 그녀 생각에
오늘 하루도 보냈습니다

그녀와 대화한 말을 하루 종일
되새김하면서
오늘도 힘든 하루를 보냈습니다

그녀와 헤어진다는 것은
참으로 거짓된 말입니다
그녀를 보낼 수 없습니다

그녀가 떠나면 난 아무것도
아닌 빈껍데기입니다
나에게 그녀가 전부이기 때문에

그녀를 보고 싶은 생각에
너무도 힘든 하루를 보내죠
그녀가 달려와서 나를 불러주길 바랍니다

이미 그녀 생각에
나의 전부인 그녀이기에
정말 힘든 하루를 보내고 있습니다

굴레

나는 굴레 속에서 허덕이고 있다
굴레를 벗어나려는 것과
굴레에 머무르고 싶은 마음이 공존한다

굴레를 벗어나려고 하면
자꾸만 굴레라는 놈이 나를 놓아주지 않는다

굴레에서 탈피하려고 한다
굴레라는 무거운 업보를 내려놓으려고 한다

굴레를 벗어나고 또 벗어나고
자꾸만 벗어나면 진정한
나의 모습을 발견하겠지

그날을 위해서 나는 굴레라는
놈과 매일같이 싸움을 한다

벗어난 굴레마저

또 다른 굴레라는 것을 안다
그런데도 지금의 나의 굴레는
나를 무겁게 하고
새로운 나를 찾는 데 방해를 한다

새로운 굴레가 나에게
자리 잡은 동안 나는
탈피에 탈피를 할 것이다
애벌레가 나비가 되는 것을
꿈을 꾸면서

아직은 모르겠습니다

이 세상에 보내준 이유가
있을 텐데
아직은 모르겠습니다

아픔 뒤편에 기쁨이 있다는 것이
있을 텐데
아직은 모르겠습니다

목숨보다 더 아끼고 싶은 사랑이
있을 텐데
아직은 모르겠습니다

아픔, 슬픔, 행복, 기쁨, 평온이
있을 텐데
아직은 모르겠습니다

누군가 아직도 모르는 것을
가르쳐주세요

고독

나만 홀로 사는 세상 싫어
그들과 어우러져 살고 싶은데
항상 나 혼자뿐이다

서로 손잡고 가는 여인
부러워서 사랑하고 싶은데
나의 손잡아주는 여인 없다

세상 사람들은 결혼해서
알콩달콩 살아가는데
난 외로움만 밀려온다

눈 내리는 날
함께 따뜻한 커피 나누고 싶은데
커피자판기 신세 언제 면할꼬

사랑하면 모든 것이
아름다워 보인다고 하는데

나에게는 어두운 밤만 있다

홀로 외딴 곳에서
그대를 기다리면서
이 밤 하얗게 지새운다

마음의 보물

마음의 보물을 찾기 위해
끝없는 방황을 했죠

그녀는 사랑이라는 가장 소중한
보물을 선사했죠

그 보물이 영원히 변치 않기를
바라고 또 바라죠

사랑이라는 보물이 사라지면
다시 방황을 하지요

영원히 그녀와 저의 사랑이
가득하기를

대화

그대와 대화를 하고 있으면
모든 근심이 사라져요

참 좋은 사람이라는 걸
느낄 수 있어요

그대의 손은 사랑의 글을 쓰고
그대의 입술은 마법의 말을 하죠

그대의 생각은 나를 일으켜주고
그대의 느낌은 나의 우상이에요

느낌이 좋은 사람
그대는 나를 살게 하죠
사랑을 느끼며 살게 해줘요

오래 간직하고 싶다

내가 사랑하는 사람
나를 사랑해주는 사람

사랑을 함께 나누면
밝은 빛이 보이겠지?

빛이 비추면
가는 길이 어렵지 않을 거야

함께 손잡고 세상을 보고 싶다
이 세상 끝날 때 아쉬움이 없도록

누구나 어딘지도 모르는 길을 걷고 있을 뿐입니다
그 길이 어느 때는 험난하기도 하고
극복할 수 없다고 생각하죠

제4부

어딘지도 모르는 길

절망과 좌절을 넘어

행복이라는 것은
비옥한 토지 위에 뿌리를
내리는 것이 아닙니다

절망과 좌절이라는 황무지에서
뿌리를 내리기도 하죠

진정한 행복은
한 번쯤 절망에 빠져보지 못하고
좌절을 겪지 않고서는
진정한 행복을 모릅니다

절망과 좌절은 참된 행복을
누리기 위한 하나의 과정입니다

따라서 지금 절망스럽다고
좌절한다고 해서 실망에 빠져
아무것도 하지 못하는 것은 잘못입니다

절망과 좌절을 극복하고 나면
분명히 행복의 싹이 피어나고 있을 것입니다

삶

삶은 살아가기 위한 전쟁터처럼
피나는 노력의 결과이다

삶은 어느 때는
달콤한 휴식을 주는 쉼터이다

아픔은
더 성장하기 위한 하나의 과정이다

사랑은
인생에 어떤 것보다 소중한 존재이다

누군가 옆에 있다는 것은

예전에는 혼자서 외로워하고
슬퍼하고 아파했죠

지금은 누군가 나의 옆에 있습니다
함께 사랑을 나눌 수 있는 예쁜 여인입니다

저는 사랑을 받고 있다는 것이
저절로 웃음이 나옵니다

누군가 옆에 있다는 것은 행복입니다
그녀와 저는 하나이길 바랍니다

그녀의 반쪽은 저입니다
나의 반쪽은 그녀이기에
누군가 옆에 있다는 것은
너무나 커다란 행복입니다

마음으로 울기

한없이 울고 싶을 때
눈물을 흘리면
마음이 후련하죠

마음으로 울다보면
가슴이
아려옵니다

마음으로 울고
울다보면
새로운 나를 찾게 하죠

장애

장애는 살기에는 불편함이 있습니다
결코 삶의 전부가 되면 안 됩니다
장애를 극복하려고 하세요
그럼 더 많은 축복이 내리죠

자신이 아무것도 할 수 없다고 안주하지 마세요
그러면 장애보다 더 자신을 꽁꽁 묶는 것입니다

목표를 정하세요
우선 할 수 있었는데 하지 않은 것부터 시작하세요

성취감을 가지세요
아주 작은 것부터 성취하세요
그럼 더 큰 어려움도 이길 수 있습니다

웃어 보세요
얼굴에 웃음이 넘치면 더욱 행복해집니다

좌절하지 마세요

좌절은 가지고 있는 무한한 능력을 가리는 장막입니다

날개 잃은 중심점

나의 중심점이
날개를 잃고 방황하고 있다

방황은
나의 가슴앓이이고
조개가 흑진주를 만들기 위해서
진통을 하는 것에 비유하곤 했다

그런데
끝없는 방황은 지치게 하고
방황을 하기 위한 방황으로 끝을 맺는다

지금 나에게는 소리 없이 흔들리는
나의 마음을 지켜보는 수밖에 없다

그것이 새로운 생각과 마음으로
나를 무장시키기까지
나는 방황이라는 가슴앓이를 해야 한다

나에게 날개를 찾고
중심점을 찾으면 그곳을 향하여 달려갈
힘을 예비하는 것이다

새로운 시작을 위한 준비를 철저히 하겠다
개구리가 멀리 뛰기 위해서
잠시 움츠리고 있고
미래를 향하여 멀리 뛸 것이다

중심점을 잃고
힘든 삶을 살고 있는 사람을 위하여

어딘지도 모르는 길

인생에는 문제도 정답도 없습니다
자신이 문제를 만들고 그곳에 빠지죠

누구나 어딘지도 모르는 길을 걷고 있을 뿐입니다
그 길이 어느 때는 험난하기도 하고
극복할 수 없다고 생각하죠

어딘지도 모르는 길을 걷고 있다가
문득 자신의 자리에서
일어나서 앞으로 가는 것입니다

누구도 미래는 모릅니다
그런데 계속 그 길을 가려고 하는 것이
사람의 심리입니다

어느 누구도 자신의 대변인이 될 수 없습니다
함께 아파해줄 뿐입니다

이제는

서로에게 더 이상의 상처를
주지 않으려면
이제는 이별의 아픔을 감수해야 합니다

사랑하면 모든 것을 극복할 수 있다는 것은
우리에게는 거짓말로 들립니다
이제는 사랑의 힘을 믿을 수 없습니다

사랑의 기초에는 믿음과 현실이
해결할 수 없는 문제입니다

사랑도 믿음도 현실도
이제는 자꾸만 내 곁에서 멀어집니다

사랑하는 마음과 아름다운 추억은
마음속 깊이 아로새기고
이제는 그녀의 행복을 빌어주어야 하죠

내가 아닌 그녀를 생각하기에
이제는 그녀 곁을 떠날 수 있습니다

이별

사랑하기에
당신을 보내주려고 합니다
당신만 생각하기에
얽여진 인연의 끈을 놓으려고 합니다

내 자신은 초라하고 쓸모없기에
당신의 아름다운 영혼을 채울 수 없습니다

조심스레 이별이란 단어를
당신에게 건네주고자 합니다

마지막으로 줄 수 있는 것은
"사랑합니다" 입니다

이별하고 용서를 받을 수 없는 사람은
당신이 아닌 바로 "나" 입니다

돛단배

바다를 항해하던 돛단배는
위기에 처해진 것을 알고 있다

물결이 더 심하게 파도를 친다
잠시 후에는 태풍권에 들어와
해일이 밀려올 것이다

돛단배는 가까운 항구에 정착해야 한다
그러나 아직 항구는 멀기만 하다
마음은 항해하던 감정들로 자꾸만
평정을 찾을 수 없다

항상 환절기가 되면
감정들이 심하게 흔들린다
수면 상태도 고르지 못해
자꾸만 깨어나게 된다

마음의 감정을 정착시킬 수 있는
마음의 쉼터가 필요하다

유언

나 죽으면
화장해서 아름다운
이 강산에 뿌려주시오

아파하거나 슬퍼하지 마세요
이생에서 못다 한 사랑을
내세에 가서 사랑하리오

나 죽으면
세상 삶이 싫어
죽음을 선택했을 뿐이오

이제 아픔도 괴로움도
느끼지 못하는
길을 갈 뿐이오

죽으려 하니 눈물이
가슴 깊숙하게 흐르네요

누군가를 사랑한다는 것은

사랑은 그녀가 알아주기 위해서가 아니다
사랑은 함께 나누어가는 것이다
무언가를 돌려받고자 하는 것은 아니다

누군가를 사랑함으로써 잠재해 있던
나의 정열과 감정이 나오는 것이다
미처 몰랐던 감정들
사랑, 감성, 열정, 순수함 등이 나온다

그녀를 사랑하는 것은
미처 몰랐던 나를 발견하는 것이다

인생은 스스로 만들어가는 것이다
만들어진 인생에 나를 포함하기 싫다
나의 인생에 그녀를 불러들이고 싶다

그리움이여

언제라도 당신을 위해 마음 한구석
비워드리겠습니다

비워둔 나의 마음 한구석을
당신이 가득 채워주세요

당신이 그토록 자리하고 싶어 하는 자리
순결함으로 비워드겠습니다

나의 비워둔 자리는 오로지
당신만의 자리라는 것을 잊지 마세요

당신이 없는 나의 마음 한구석은
어둡고 침울합니다

당신이 내 마음으로 들어와
밝은 미소와 행복을 찾고 싶습니다
당신만을 위한 영원한 사랑으로

한편으로는 술을 마시면
잠시나마 해일을 피할 수 있습니다
그러나 더 무시무시한 해일이 밀려오죠

제5부

외로운 돛단배

당신 때문에

난 늘 아픕니다

당신을 만나서 아프고
당신을 못 만나서 아프고
당신의 소식을 궁금해서 또 아프고
당신이 아프지나 않을까 두려워서 아프고
당신을 영 만나지 못할까 무서워 또 아픕니다

당신 때문에
하루도 안 아플 날이 없습니다
이래저래 늘 당신 생각

난
오늘도 당신 생각을 하며
하루를 살았습니다
아픈 하루를 살았습니다

남은 인생을
술로 보낼까
그것이 젤로 걱정이며
그럴까봐 젤 아픕니다

밝은 정신으로 산다는 것은

사실 술로 지냈던 시절은
이렇게 사는 것이 어려운 것인지 몰랐다
술에 취해서 그 상태를 유지했다

지금은 술을 마시지 않자
술 충동과 밝은 정신에서 보이는 문제가
이제는 잘 보인다
그래서 짜증이 난다

그리고 모든 것을 다 잊고 싶어서
술을 마시고 아무런 걱정 없이
그냥 자고 싶다

지금은 아주 작은 일도 신경이 쓰인다
그리고 자꾸만 확대 해석한다
그래도 술을 먹고 가장 좋았던 날보다
지금 술을 먹지 않고 있는 상태가 좋아서
술을 마시지 않는다
부디 술을 먹지 않고 죽음에 이르기를

인생의 돛단배

모르는 인생을 살아가면서
과거라는 흔적을 남기고
현실에 자족하면서
미래를 꿈꾼다

인생이라는 돛단배를 타고
단주라는 바다를 지난다

알콜이라는 역경을 지나서
희망이라는 돛을 달고
행복이라는 항구에 도착한다

하늘이 운다

오늘은 비가 내린다
하늘도 서러워서 엉엉 울고 있다
하늘은 천둥(통곡)을 치고
벼락(울부짖음)을 내리 쏟는다

하늘은 나의 마음을 아는지
자꾸만 울고 있다
하늘아, 하늘아
제발 울지 마

하늘이 울면
내 마음은 너무 슬프다
하늘아, 하늘아
제발 울지 마

하늘아
내가 단주할 테니
제발 울음을 멈추어라

사랑과 이슬 먹기

사랑과 이슬만 먹고 싶다
사랑은 나에게 살아가는 활력소가 되고
이슬은 새로운 세계로 나를 인도한다
사랑받길 원한다

나도 나를 사랑하지 않을 때는
이슬이 나를 부른다
이슬을 만나면 나는 사랑을 갈구한다
사랑과 이슬은 중요한 존재이다

사람들은 나에게 묻는다
어떻게 사랑과 이슬만 먹고 사는지

그들에게 말한다
나는 사랑받길 원하고 사랑하고 싶다
이슬은 나에게 아픔을 달래주고
친구가 되어준다

결국 사랑과 이슬은
절친한 친구이자 애인이다
사랑에 배신당하고
이슬에 빠져서
알 수 없는 인생길을 헤매이고 있다

외로운 돛단배

거센 파도가 밀려옵니다
아니 해일이 밀려옵니다
바다에 떠있는 외로운 돛단배는
해일을 물리칠 수 없습니다

처음에는 조금이나마 견디어낼 수 있지만
결국은 해일에 밀려 좌초하고 말았습니다
단주생활 역시 매우 힘이 들어요
기대한 술과 외로운 내 자신과의 싸움입니다

한편으로는 술을 마시면
잠시나마 해일을 피할 수 있습니다
그러나 더 무시무시한 해일이 밀려오죠

지하철 속에 사랑 구걸자

지하철 속에 구걸은
대부분이 금전 구걸이지요

시한부 인생의 삶을 사는
아내를 위해
사랑의 구걸자가 되었지요

아내를 돌보다 가슴이 메어오면
지하철 속에서
사랑 구걸 쪽지를 돌렸죠

사랑하는 아내를 하루라도
더 볼 수 있는
내일이 되도록 해주세요

사랑하는 아내를 하늘나라로 보내고
지금은 알콜중독자

님들 기도해주세요
제발 사랑하는 아내 곁으로 갈 수 있도록

당신의 영혼

당신은 병원이나 의사의
도움을 받을 수 있습니다
하지만 그 도움은
외적인 도움에 불과한 것이지요
결국은 자신의 의지와 노력만이
자신을 바꿀 수 있죠

당신의 영혼은 그 무엇에 의해서도
영향을 받지 않기 때문입니다
당신의 영혼은 자유롭습니다
누구에게도 의존하고 있지 않습니다
상황을 유연하게 받아들이시기를
그리고 내면의 평온을 즐기시기를

만나고 헤어짐

사랑하는 사람은 헤어져서 아쉽고
미워하는 사람은 만나서 아프다

사랑하는 사람과 헤어짐과 아쉬움은
상대에 대한 소유와 집착에서 나온다
감정의 흐름이지 진실한 사랑은 아니다

미워하는 사람과 만남은 아프지만
그 아픔을 전환하여
좋은 인연으로 만드는 것 또한 잊지 마라

진정한 사랑은 만남과 헤어짐을 통해
상대를 축복함으로써
내가 아닌 너를 생각하는 것이다

어두운 현실 속에서 사랑과 헌신은
비록 힘들지만
이 길을 행하는 것이 올바른 사람이다

사랑비

뜨거운 대지 위에 사랑비가 내린다
촉촉한 대지에
싱그러운 사랑이 솟아오른다
뜨거운 사랑은 종종 오판을 가져온다

사랑비로 좀 더 성숙되고 이성적으로
그녀를 다시 볼 수 있게 한다
사랑비는 우리들에게 축복을 내려준다

마음의 상처

마음에 상처 받고 흔들리고
세상을 원망해도
하나의 과정에 불과하다

힘든 인생은
새로운 삶을 맞이하게 한다

상처와 아픔은
나를 축복하기 위해
존재할 뿐이다

문제는 어려운 상황을
극복하려는 것과 더 많은
축복이 기다린다는 것이다

눈빛 사랑

아무런 가식이 없는
천사들의 눈빛

그들은 어린아이의
해맑은 눈빛

그래서 눈빛을
주고받기만 하여도
우리들은 눈빛 사랑에 빠진다

마음의 공유

너의 마음 나의 마음
백지장 차이인데
너의 마음 열고 나의 마음 열면
세상은 아름다워

네가 기쁠 때 네가 슬플 때
내가 너의 옆에 있고
내가 기쁠 때 내가 슬플 때
네가 나의 옆에 있는데

무엇이 부럽고
무엇이 그리 못났는지
사랑도 마음도 너의 옆에 있어
행복하지 않더냐

들꽃

들에 들꽃이 있었습니다
들꽃은 장미가 부러웠습니다
장미는 예쁘고 사람들에게 인기가 좋은데
들꽃은 들에 피고 아무도 알아주지도 않습니다
들꽃은 장미가 되기 위해서 노력하고 노력했습니다
자신이 장미라고 착각하기 시작했습니다

그래서 상처받고 아픔이 생겼습니다
왜 나는 들꽃으로 태어났지
장미처럼 예쁘게 태어나지 하면서
들꽃은 자신의 존재를 싫어했죠

들꽃이 꽃이 피기 시작할 때
들꽃은 자신이 장미가 아니라
들꽃이라는 것을 깨달았습니다

나는 들꽃입니다
내 고유의 인생을 살다가

들에 피었다가 꽃을 피우고
향긋한 향기를 내다 사라지면 그만입니다
결코 장미가 되기 위해서 살고 싶지는 않습니다
나는 들꽃이기 때문입니다